W0202651

RUDOLF STEINER

Gebete für Mütter und Kinder

Mit einem Vortrag, gehalten in Dornach
am 2. Februar 1915:

Das Leben
zwischen der Geburt und dem Tode
als Spiegelung des Lebens
zwischen Tod und neuer Geburt

1994
RUDOLF STEINER VERLAG
DORNACH/SCHWEIZ

Herausgegeben von der Rudolf Steiner-Nachlaßverwaltung
Die Herausgabe besorgte Edwin Froböse

1. Auflage Dornach 1935
2., vermehrte Auflage Dornach 1953
3., neu durchgesehene Auflage Dornach 1962
4. Auflage Dornach 1975
5. Auflage Dornach 1980
6. Auflage Dornach 1987
7. Auflage Dornach 1994

Der Vortrag ist entnommen dem Band der Rudolf Steiner Gesamtausgabe «Wege der geistigen Erkenntnis und der Erneuerung künstlerischer Weltanschauung», Bibl.-Nr. 161; die Gebete, ausgenommen jene von Seiten 37, 38, 39, 42, 47, 49, 50, sind entnommen dem Band der Rudolf Steiner Gesamtausgabe «Wahrspruchworte», Bibl.-Nr. 40.

Alle Rechte bei der Rudolf Steiner-Nachlaßverwaltung, Dornach/Schweiz
© 1953 by Rudolf Steiner-Nachlaßverwaltung, Dornach/Schweiz
Printed in Switzerland by Zbinden Druck und Verlag AG, Basel

ISBN 3-7274-5156-4

Zu den Veröffentlichungen aus dem Vortragswerk von Rudolf Steiner

Die Gesamtausgabe der Werke Rudolf Steiners (1861–1925) gliedert sich in die drei großen Abteilungen: Schriften – Vorträge – Künstlerisches Werk.

Von den in den Jahren 1900 bis 1924 sowohl öffentlich wie für Mitglieder der Theosophischen, später Anthroposophischen Gesellschaft zahlreichen frei gehaltenen Vorträgen und Kursen hatte Rudolf Steiner ursprünglich nicht gewollt, daß sie schriftlich festgehalten würden, da sie von ihm als «mündliche, nicht zum Druck bestimmte Mitteilungen» gedacht waren. Nachdem aber zunehmend unvollständige und fehlerhafte Hörernachschriften angefertigt und verbreitet wurden, sah er sich veranlaßt, das Nachschreiben zu regeln. Mit dieser Aufgabe betraute er Marie Steiner-von Sivers. Ihr oblag die Bestimmung der Stenographierenden, die Verwaltung der Nachschriften und die für die Herausgabe notwendige Durchsicht der Texte. Da Rudolf Steiner aus Zeitmangel nur in ganz wenigen Fällen die Nachschriften selbst korrigieren konnte, muß gegenüber allen Vortragsveröffentlichungen sein Vorbehalt berücksichtigt werden: «Es wird eben nur hingenommen werden müssen, daß in den von mir nicht nachgesehenen Vorlagen sich Fehlerhaftes findet.»

Über das Verhältnis der Mitgliedervorträge, welche zunächst nur als interne Manuskriptdrucke zugänglich waren, zu seinen öffentlichen Schriften äußert sich Rudolf Steiner in seiner Selbstbiographie «Mein Lebensgang» (35. Kapitel).

Nach dem Tode von Marie Steiner (1867–1948) wurde gemäß ihren Richtlinien mit der Herausgabe einer Rudolf Steiner Gesamtausgabe begonnen. Die vorliegende Einzelausgabe ist den auf Seite 4 genannten Bänden der Gesamtausgabe entnommen.

INHALT

GEBETE FÜR MÜTTER UND KINDER

* Überschriften von Rudolf Steiner

DAS LEBEN ZWISCHEN DER GEBURT UND DEM TODE ALS SPIEGELUNG DES LEBENS ZWISCHEN TOD UND NEUER GEBURT

Es ist schon öfter bei unseren Auseinandersetzungen die Gelegenheit gewesen, darauf aufmerksam zu machen, daß derjenige, welcher das Leben und das Dasein wirklich verstehen will, nicht eigentlich sich auf den Satz berufen darf, daß das Leben und das Dasein etwas Einfaches sei. Auf die Kompliziertheit und das Mannigfaltige der Weltenharmonie, in welche der Mensch einverwoben ist, mußte öfter aufmerksam gemacht werden, schon aus dem Grunde, weil man ja immer wieder und wieder hört, daß die Leute sagen, die Wahrheit – und sie meinen damit gewöhnlich die Wahrheit über die allerhöchsten Dinge – müsse einfach sein. Und am liebsten haben es die Menschen, wenn ihnen jemand diese Wahrheit über die allerhöchsten Dinge so charakterisiert, daß man sie eigentlich nicht zu erlernen braucht, sondern daß man sie ohne alles Lernen, so wie durch sich selbst, einfach hat.

Jeder Mensch – ich habe das öfter gesagt – gibt zu, daß er eine Uhr nicht verstehen kann, wenn er nicht gelernt hat, das Ineinandergreifen der Räder und des sonstigen Mechanismus zu begreifen. Nur gegenüber der großen, herrlichen, gewaltigen Weltenschöpfung möchten die Menschen gern, daß man sie verstehen kann, ohne sich irgendwie anzustrengen. Nun ist im

Grunde genommen die ganze Geisteswissenschaft dazu da, uns langsam und allmählich ein Verständnis zu gewähren von dem, was eigentlich der Sinn, die Bedeutung des Daseins und des Lebens ist.

Ich möchte heute ein Kleines hinzufügen zu den Dingen, die wir schon betrachtet haben; ich möchte dabei anknüpfen an uns geläufige Begriffe und Ideen, an Ideen, die wir öfter in uns aufgenommen haben. Ausgehen möchte ich davon, daß wir oftmals vom Standpunkte der Geisteswissenschaft aus die Worte gebrauchen müssen: Das äußere Dasein, in dem wir leben, ist eine Maja oder die Maja, die große Täuschung. – Ich habe betont: Nicht das kann unsere Anschauung innerhalb der abendländischen Weltanschauung sein, als ob alles, was uns umgibt, Täuschung wäre im Sinne davon, daß es unwahr wäre. Nicht die Welt als solche, die auf unsere Sinne einwirkt, die wir erfassen mit unserem Verstande, ist eine Maja; diese Welt ist in dem innersten Wesen wahrhafte Wirklichkeit. Aber die Art, wie sie der Mensch anschaut, wie sie dem Menschen erscheint, das macht die Welt zur Maja, das macht sie zur großen Täuschung. Und wenn wir durch unsere innere Seelenarbeit dahin kommen, zu dem, was uns die Sinne zeigen, zu dem, was uns unser Verstand sagt, die eigentlich tieferen Grundlagen zu finden, dann werden wir bald einsehen, inwiefern die äußere Welt als eine Täuschung aufgefaßt werden kann. Denn dann erscheint sie uns in ihrem wahren Lichte, erscheint sie uns in der Wahrheit, wenn wir sie überall zu ergänzen, zu durchdringen wissen mit dem, was uns gegenüber der ersten Betrachtung, die wir der Welt zuwenden, verborgen sein muß.

Das gibt dem Menschen gerade sein Wesen, seine Würde, seine Bestimmung, daß er vom Weltenall, vom Universum nicht wie ein unmündiges Kind behandelt wird, dem man die Wahrheit so ohne weiteres in den Schoß wirft, sondern daß vorausgesetzt wird, daß er sich durch seine eigene Arbeit, die Arbeit seines ganzes Lebens, die Wahrheit erarbeitet. Gewissermaßen rechnen die Weltenmächte auf unsere Mitarbeit beim Erringen der Wahrheit, sie rechnen auf unsere Freiheit, auf unsere Würde.

Nun ist das ganze Menschenleben, so wie es zunächst verläuft zwischen Geburt und Tod, eine Maja, eine Täuschung. Es muß dieses Menschenleben eine Täuschung sein aus dem Grunde, weil wir ja stets, wenn wir die Welt nur in bezug auf ihre äußeren physischen Dinge und Vorgänge betrachten, außer acht lassen die andere Seite der Welt und dieses Weltendaseins, soferne es den Menschen betrifft, außer acht lassen dasjenige, was der Mensch durchlebt zwischen dem Tode und einer neuen Geburt.

Nun möchte man gewiß sagen: Man versteht das Menschenleben zwischen der Geburt und dem Tode, wenn man es einfach betrachtet; wozu braucht man denn da die andere Seite, das Leben zwischen dem Tode und einer neuen Geburt? – Aber schon dieses ist eine ganz unrichtige Auffassung, einfach aus dem Grunde, weil das Leben zwischen der Geburt und dem Tode eine Spiegelung ist des Lebens zwischen dem Tode und einer neuen Geburt. Dasjenige, was wir durchlebt haben in dem Leben, das unserem jetzigen physischen Leben vorangegangen ist, spiegelt sich ab in dem Leben, das wir verbringen zwischen der Geburt und dem Tode.

Zum Verständnis dieser Spiegelung ist es notwendig, daß wir noch zwei Dinge ins Auge fassen. Das erste ist, daß wir gewisse Etappen, gewisse Hauptpunkte unseres Lebens zwischen der Geburt und dem Tode betrachten, und gerade untersuchen, inwiefern sich diese Punkte spiegeln, herausspiegeln aus dem Leben zwischen dem Tode und einer neuen Geburt. Dann ist es notwendig, ins Auge zu fassen, daß das Leben zwischen dem Tode und einer neuen Geburt in viel intensiverem Maße verbunden ist mit den unbekannten Welten, von denen wir sprechen durch die Geisteswissenschaft: mit jenen Vorgängen, die sich vor unserer Erdenbildung auf dem abgespielt haben, was wir den alten Saturn, die alte Sonne und den alten Mond nennen. Diese Vorgänge auf dem Saturn, der Sonne und dem Monde sind viel mehr verbunden mit dem Leben, das wir durchleben zwischen dem Tod und einer neuen Geburt, als mit dem Leben, das wir durchleben zwischen der Geburt und dem Tode.

Wir können sogar so sagen: Das Leben zwischen dem Tode und der Geburt ist von allen Seiten her überall beeinflußt von jenen vergangenen Leben, die wir kennen als die vergangenen planetarischen Leben von Saturn, Sonne und Mond. Dasjenige, was das Saturn-, das Sonnen- und Mondenleben bewirken in unserem verborgenen Erdenleben zwischen dem Tode und einer neuen Geburt, spiegelt sich wiederum in dem Leben zwischen der Geburt und dem Tode, so daß das Leben zwischen der Geburt und dem Tode ein Spiegelbild dessen ist, was zwischen dem Tode und einer neuen Geburt vor sich geht, und das, was zwischen dem Tode und einer neuen Geburt vor sich geht, das wird direkt beeinflußt von dem, was sich auf dem alten Saturn, der alten Sonne und dem alten Monde abspielte.

Gewisse Hauptpunkte, gewisse Etappen unseres Erdenlebens müssen wir ins Auge fassen, wenn wir den Vorgang im einzelnen besser verstehen wollen.

Das erste, was zum Erdenleben gehört, ist ja das, was wir im physischen Dasein des Menschen die Empfängnis nennen, auf welche das Embryonalleben des Menschen folgt. Dann erst erfolgt ja die Geburt des Menschen, sein Betreten des physischen Planes.

Nun enthüllt sich der Geisteswissenschaft eine sehr eigentümliche Tatsache in bezug auf das Menschenleben. Eigentlich haben wir in unserem ganzen Menschenleben, insofern wir es im physischen Leibe verbringen, nur einen einzigen Vorgang, der durchaus zusammenhängt mit dem Erdenleben, der also gewissermaßen rein aus dem Erdenleben heraus erklärbar ist: und das ist die Empfängnis. Sonst nichts im menschlichen Leben als die Empfängnis hat im Grunde etwas zu tun mit dem Erdenleben unmittelbar, ausschließlich. Auf dieses Wort «ausschließlich» bitte ich Wert zu legen. Dasjenige, was geschieht bei der Empfängnis, hat nichts zu tun mit dem Monden-, Sonnen- und Saturnleben; sondern zu dem, was durch die Empfängnis geschieht, sind die Ursachen geschaffen innerhalb des Erdenlebens.

Weil die äußere Biologie, die äußere physische Wissenschaft vorzugsweise sich mit dem Erdenleben nur befassen will, und von ihrem Gesichtspunkte aus alles, was auf das Monden-, Sonnen- und Saturnleben geht, als Narrheit betrachtet, so kann diese äußere Wissenschaft Wahrheit im physischen Wortsinne nur über die Empfängnis finden. Daher finden wir auch, wenn wir solche Werke wie etwa die von *Ernst Haeckel* durchlesen, daß am allerausführlichsten behandelt wird das, was den Menschen zusammenstellt mit den Vorgängen in den anderen Organismen und daß man sich immer auf dasjenige verlegt, was mit der Empfängnis irgendwie zusammenhängt. Überlegen Sie sich das und vergleichen Sie es mit dem, was die äußere Wissenschaft zu sagen hat, und Sie werden es bewahrheitet finden. Es geht die physisch-wissenschaftliche Betrachtung, wenn sie die Vorgänge im Menschen betrachtet, gewöhnlich zurück bis zu den einfachsten Zellenwesen. Solche Zellenwesen, von deren Gestalt ja auch der Mensch ausgeht – er entwickelt sich ja auch aus der befruchteten Eizelle –, solche Zellenwesen hat es aber wirklich auf dem alten Saturn, der alten Sonne und dem alten Monde nicht gegeben. Diese finden sich nur auf der Erde, und auf der Erde findet eine solche Vereinigung von Zellen statt, auf die ein so großer Wert gelegt wird von der äußeren physischen Wissenschaft.

Diese besondere Stufe unseres Lebens ist nun nichts anderes als die Spiegelung eines wirklichen realen Vorganges, der vor der Empfängnis sich schon abspielt und der mit dem menschlichen Leben zusammenhängt. Wir sind selbstverständlich in den letzten Zeiten unseres Lebens zwischen dem Tode und einer neuen Geburt, aber auch zu der Zeit, da wir physisch empfangen werden, in der geistigen Welt. Da geht immer etwas im geistigen Leben vor sich mit uns; und von dem, was da vor sich geht, ist die Empfängnis nichts anderes als ein Spiegelbild, eine Maja. Der wirkliche Vorgang spielt sich in der geistigen Welt ab, und dasjenige, was sich in der physischen Welt abspielt, ist ein Spiegelbild, eine Maja. Dasjenige aber, was in der geistigen Welt geschieht, ist ein Vorgang, der sich abspielt zwischen der Sonne und der Erde, und zwar so, daß das weibliche Element dabei die Beeinflussung von der Sonne her, das männliche Element die Beeinflussung von der Erde her erfährt. Also es ist der Vorgang der Empfängnis die Spiegelung eines Zusammenwirkens von der Sonne und der Erde.

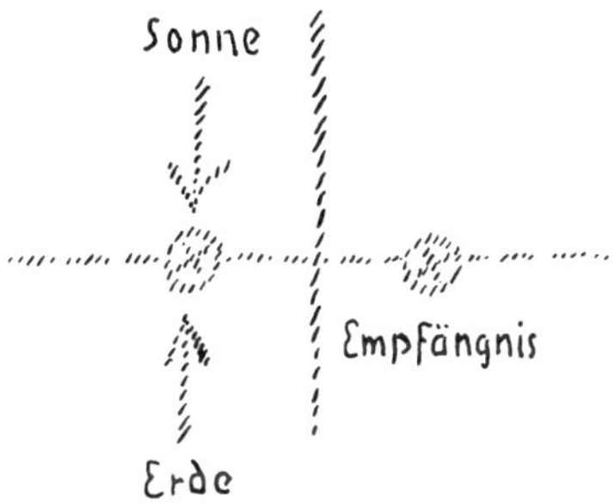

Dadurch allerdings wird dieser Vorgang, den die Menschen oftmals in ein die Menschheit so erniedrigendes Reich herunterdrücken, zu dem bedeutsamen Mysterium, zu der Spiegelung eines kosmischen Weltenvorganges. Interessant ist dabei noch, auf einige Details aufmerksam zu machen. In demjenigen, der sich dem Zeitpunkte nähert, da er die Erde wieder betreten soll, bildet sich seelenhaft die Vorstellung der Eltern, durch die er die Erde betritt. Wie er gerade zu dem einen Elternpaar hin getrieben wird, davon kann ein anderes Mal gesprochen werden, das hängt mit dem Karma des Menschen zusammen. Das aber, worauf ich heute aufmerksam machen will, das ist, daß derjenige, der zur Geburt schreitet, von dem, was auf der Erde physisch vorhanden ist, ein Bild, hauptsächlich zunächst von der Mutter, erhält. Also es schaut derjenige, der zur Geburt schreitet, vorzugsweise auf die Mutter herab. Von dem Vater erhält er – und ich bitte das ins Auge zu fassen, denn es ist eine sehr bedeutsame Erscheinung – ein Bild dadurch, daß die Mutter von dem Vater ein Bild in ihrer Seele trägt. Der Vater wird also gesehen durch das Bild, das die Mutter von dem Vater in ihrer Seele trägt.

Das ist natürlich etwas, ich möchte sagen, radikal ausgesprochen, aber es ist im wesentlichen das Richtige. Man kann ja über diese übersinnlichen Vorgänge nur so sprechen, daß man sie im wesentlichen charakterisiert. Damit Sie nicht eine allzu feste Vorstellung bekommen, möchte ich hinzufügen, daß allerdings dann zum Beispiel, wenn es sich darum handelt, daß die geistig-seelische Erbschaft von des Vaters Seite her eine besondere Rolle zu spielen hat, daß also besondere geistig-seelische Eigenschaften von dem Vater auf den Menschen, der geboren werden soll, übertragen werden sollen, auch ein direktes Bild des Vaters zustande kommen kann. In demselben Maße aber, wie das Bild des Vaters direkt zur Wahrnehmung kommt, schwächt sich das Bild der Mutter ab.

Die nächste Stufe des physischen Erdenlebens ist dann das Leben, das zwischen der Empfängnis und der Geburt zugebracht wird. Auch dieses Leben ist im wesentlichen – wir nennen es das Embryonalleben – die Spiegelung eines anderen Vorganges, der sich vor diesem zuerst genannten Vorgang in der geistigen Welt abspielt. Während also die Geburt im physischen Leben selbstverständlich auf die Empfängnis folgt, geht dasjenige, wovon die Geburt eine Spiegelung ist, voran jenem Sonnen-Erdenvorgange, von dem die Empfängnis eine Spiegelung ist.

Dieses Leben, das der Mensch zubringt zwischen der Empfängnis und der Geburt, ist schon ganz und gar nicht erklärbar aus den Verhältnissen, die sonst auf der Erde sind; und es erklären wollen aus den Kräften, aus den Gesetzen der Erde, ist einfach nichts anderes als ein ganz gewöhnlicher Unsinn. Denn es ist eben die Spiegelung eines vorgeburtlichen Vorganges, und dieser vorgeburtliche Vorgang ist im wesentlichen beeinflußt von dem, was von dem vorirdischen Mond und von der vorirdischen Sonne geblieben ist. Es ist ein Vorgang, der sich zwischen der Sonne und dem Monde abspielt, also wesentlich ein überirdischer Vorgang.

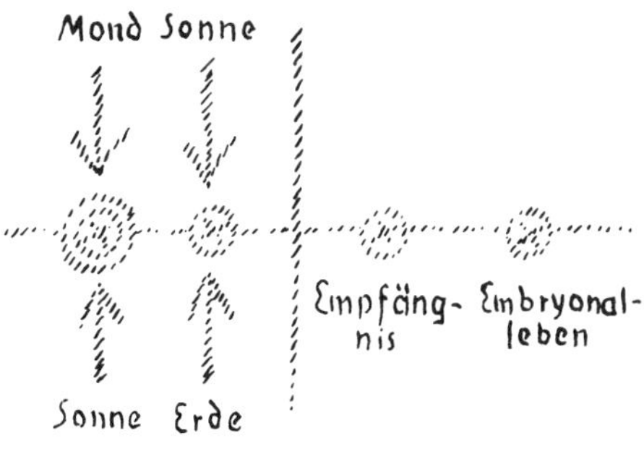

Die Kräfte, die da tätig sind, sind vorzugsweise diejenigen, welche spielen zwischen der Sonne und dem Monde. Die äußere Wissenschaft hat in ihrem Bewußtsein noch etwas bewahrt von dieser Tatsache, indem sie das Embryonalleben nach Mondmonaten zählt und davon spricht, daß es zehn Mondmonate in Anspruch nehme.

So aufgefaßt, haben wir zu berücksichtigen, daß wir in dem Leben, das wir verbringen zwischen dem Tode und einer neuen Geburt, einen realen, wirlichen Einfluß erfahren von der Sonne und dem Monde her, daß wir aber in dem Leben, das wir später physisch zubringen, zwischen der Empfängnis und der Geburt, abspiegeln diesen Vorgang, der ein Sonnen- und Mondenvorgang ist.

Beachten Sie, daß selbstverständlich hier das Wort spiegeln in einem etwas anderen als dem räumlichen Sinne gebraucht ist. Beim räumlichen Spiegeln hat man den Gegenstand und das Bild zugleich, aber hier hat man das, was der reale Vorgang ist, sich zutragend vor der Geburt; das, was sich spiegelt, spiegelt sich zeitlich später. Es ist also eine Maja eines übersinnlichen, vorgeburtlichen Vorganges.

Was wir dann ins Auge fassen müssen, ist zunächst die Zeit zwischen der Geburt und jenem oftmals erwähnten, wichtigen Zeitpunkte des Menschenlebens, wo wir beginnen, unser Ich-Bewußtsein zu entfalten, wo wir anfangen, in bewußter Weise zu uns «Ich» zu sagen. Wir können es das eigentliche Kindheitsleben nennen. Diese Zeit, die wir da zubringen, die erste Kindheit – meinetwillen nenne man es das Säuglingsleben – ist wieder eine Spiegelung eines Vorganges, der nun noch weiter zurückliegt im Geistigen. Der reale Vorgang, der sich spiegelt in der Zeit, wo wir anfangen zu lallen, ohne daß wir das Sprechen mit dem Ich-Bewußtsein in Beziehung bringen, ist eine Spiegelung eines vorgeburtlichen Vorganges, der noch weiter in den Kosmos hinausreicht. Und zwar wirken da zusammen, wir können sagen, die Sonne und die gesamte Planetenwelt, welche zur Sonne gehört, also die Sonne und ihre Planeten rings um sie herum, mit Ausnahme des Mondes. Die Kräfte, die zwischen der Sonne und ihren Planeten spielen, wirken herein in unser Leben zwischen dem Tode und einer neuen Geburt, und dieses, was da lange vor unserer Geburt entsteht, spiegelt sich in dem Leben, das wir in den allerersten Kindesjahren zubringen.

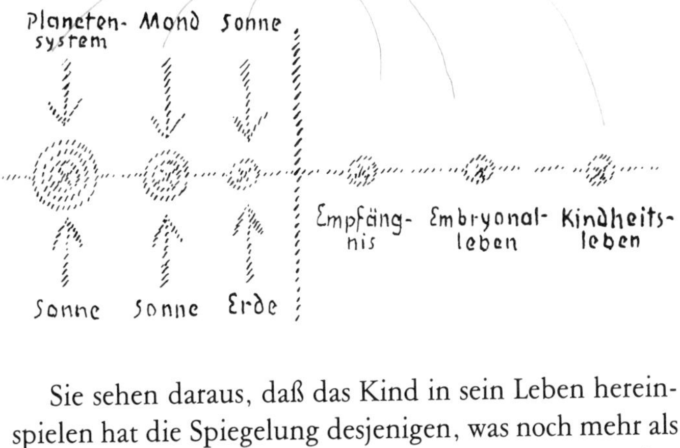

Sie sehen daraus, daß das Kind in sein Leben hereinspielen hat die Spiegelung desjenigen, was noch mehr als der Mond von dem Irdischen abgelöst ist. Dies hat eine ungeheure, eine tief bedeutungsvolle, praktische Konsequenz; es hat die Konsequenz, daß der Mensch nicht gestört werden darf in dieser Zeit seines Lebens in bezug auf das Empfangen der Kräfte, respektive in bezug auf die Verwertung der Kräfte, die er empfangen hat. Bedenken Sie nur einmal, was da eigentlich vorliegt. Vor unserer Geburt haben Kräfte aus dem Kosmos heraus auf uns gewirkt, die zwischen der Sonne und ihren Planeten spielen. Diese Kräfte sind in dem Kinde, das durch die Geburt gegangen ist und das Erdenleben betreten hat. Diese Kräfte wollen aus dem Kinde heraus. Diese Kräfte sind wirklich in dem Kinde. Insofern ist das Kind, wenn wir auf sein innerstes Wesen sehen, ein Himmelsbote, und die Kräfte wollen heraus. Wir können im Grunde genommen nichts anderes tun, als diesen Kräften die größtmögliche Gelegenheit geben, herauszukommen. Darin besteht im Grunde genommen alles, was wir zu tun haben bei der ersten Säuglingserziehung des Menschen: wir dürfen nicht stören die Kräfte, die herauskommen wollen.

Ich möchte sagen, ein Zug von demütiger Gesinnung geht aus von einer solchen Erkenntnis. Während der Mensch gewöhnlich glaubt, daß er dem Kinde ungeheuer viel sein kann, handelt es sich vor allen Dingen darum, daß er möglichst wenig stört dasjenige, was heraus will. Nicht als ob der erziehende Mensch dem Kinde nichts wäre. Er ist ihm schon etwas. Denn das, was da herauskommt – beachten Sie das wohl –, ist ja ein Spiegelbild, und diesem Spiegelbild müssen wir Realität verleihen als Erzieher; diesem Spiegelbild müssen wir Festigkeit geben.

Was wir tun als Erzieher, das läßt sich folgendermaßen vergleichen: Wenn wir hier einen Gegenstand haben, und der spiegelt sich dort, so haben wir hier das Spiegelbild, und dann haben wir in das Spiegelbild etwas hineinzutragen, das es innerlich fester mache, als es ist als Bild. Der Mensch kommt in der Tat als Spiegelbild zur Welt, und er muß sich erwerben das Festmachen, das Realwerden dieser Spiegelung. Das ist eben seine Entwickelung zwischen der Geburt und dem Tode.

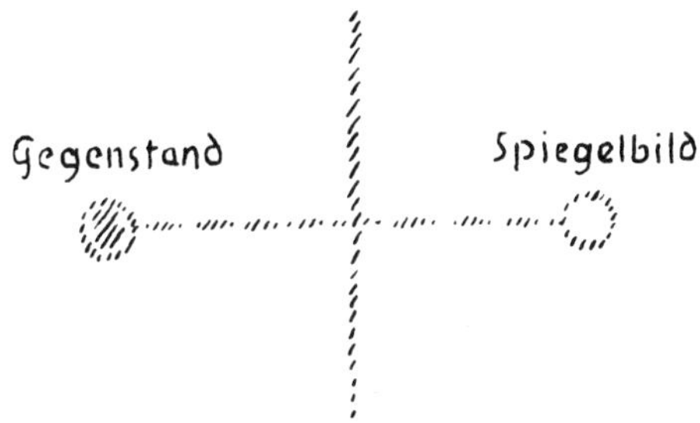

Das, was heraus will, müssen wir möglichst wenig stören. Heraus kommen die Spiegelbilder der Vorgänge, die wir uns schon vor der Geburt aus dem Kosmos heraus erworben haben. Aber durch unser Einwirken müssen wir das, was da als Spiegelbild herauskommt, zur Realität befestigen, und insofern wir es zur falschen Realität befestigen, also korrigieren wollen, insofern können wir es stören. Aber es ist etwas Außerirdisches.

Jetzt können Sie die ungeheuer bedeutungsvolle Konsequenz einsehen, die sich daraus ergibt. Angewiesen ist derjenige, der ein Kind aufziehen will, darauf, daß er in seiner eigenen Seele, die er so darlebt neben dem Kinde, übersinnliche Vorstellungen und Empfindungen hat; denn durch alles, was wir an bloß materiellen Vorstellungen, an bloß an das Materielle anknüpfenden Empfindungen an das Kind heranbringen, stören wir die Entwickelung des Kindes.

Oftmals wird gefragt: Was können wir am besten tun, um ein Kind aufzuziehen? Wie bei so vielen Sachen handelt es sich nicht so sehr darum, daß wir ein paar Grundsätze aufstellen, die wir in der Westentasche oder im Pompadour herumtragen, um uns darnach richten zu können; es handelt sich darum, daß wir bei uns selber anfangen, daß wir uns bemühen, einen Fond übersinnlicher Vorstellungen in uns zu tragen, daß wir von einer ins Übersinnliche gehenden Gesinnung und Empfindung durchdrungen sind. Denn diese wirken viel mehr als dasjenige, was wir nach äußerlichen Verstandesgrundsätzen und nach einer Verstandespädagogik bewirken können. Ein liebevolles Gemüt, das durchdrungen ist von der übersinnlichen Welt und dadurch alle Empfindungen vertieft, kommt dadurch auch in die Lage, ich möchte sagen – bitte das Wort nicht mißzuverstehen –, mit der Kindeserziehung einen gewissen Kultus zu treiben, der aber darin besteht, daß wir ein Wesen lieben, das uns aus der geistigen Welt geschickt worden ist, der in einer Vergeistigung der Kindesliebe besteht, in einem Durchdrungensein von dem Gefühl: dadurch, daß wir dem Kinde die Hände reichen, können wir uns sagen: Du reichst dem Kinde etwas durch die Hand, aber du mußt ihm ein Repräsentant sein derjenigen Kräfte, die nicht auf der Erde zu finden sind, sondern im Übersinnlichen.

Alles was man ausklügeln kann über mancherlei pädagogische Grundsätze, wird ungeheuer wenig fruchten, solange die Wissenschaft auf materialistischen Bahnen wandelt. Erst dasjenige wird fruchtbar für die wirkliche Erziehung des Kindes sein können, was sich aus der Geisteswissenschaft ergibt. Und das Wichtigste ist das, was wir aus uns selber machen. In der äußeren, materiellen Welt mögen wir viel wirken durch das, was wir tun; als Erzieher wirken wir viel mehr durch dasjenige, was wir sind. Ich bitte, das wohl zu beachten. Wir können geradezu als ein Motto, als eine Devise einer guten Pädagogik betrachten den Grundsatz: Für die äußere materielle Welt wirkst du durch das, was du tust; als Erzieher wirkst du durch das, was du bist.

Dann folgt die Zeit, in der wir das Knaben- oder Mädchenalter vollbringen, das Alter, in dem wir noch immer erzogen werden, in der Tat aber in einer anderen Weise erzogen werden als in der Zeit, während welcher wir Säuglinge sind. Das ist die weitere Etappe, die weitere Stufe, die wir betrachten wollen. Sie soll alles dasjenige umfassen von dem Zeitpunkte an, wo der Mensch anfängt, bewußt zu sich «Ich» zu sagen, bis zu dem Zeitpunkte, wo wir ihn entlassen dürfen aus der eigentlichen Erziehung, wo er frei in das Leben hinaustritt, dem Zeitpunkt, wo er sich als wohlerzogener oder ungezogener Mensch dem Strudel des Lebens zu übergeben hat.

Auch dies ist eine Spiegelung, äußerlich durchaus Maja, und zwar eine Spiegelung wiederum von Vorgängen, die vorher liegen. Die realen Wirklichkeiten liegen nun wieder zwischen dem Tode und einer neuen Geburt. Und zwar wirkt hier zusammen das vollständige Planetensystem von der Sonne bis hinauf zum Saturn, oder, wenn Sie nach der neueren Astronomie wollen, bis zum Neptun. Also das ganze Planetensystem wirkt hier zusammen mit dem gesamten Sternenhimmel, und was sich da abspielt zwischen dem Sternenhimmel und dem gesamten Planetensystem, das sind Kräfte, die in uns tätig sind in der Zeit, in der wir erzogen werden.

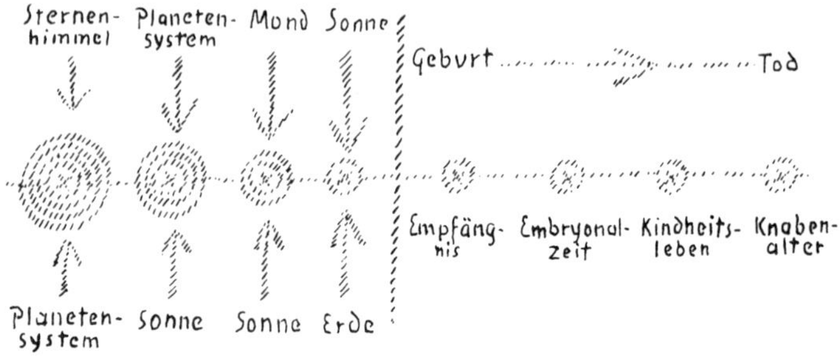

So wenig begreift man die Realität des Menschen aus den bloßen Vorgängen auf der Erde, daß man diesen Menschen nur verstehen kann in bezug auf die Zeiten, wo er erzogen wird, wenn man sich klar ist darüber, daß da Kräfte in ihm spielen in dem Gesamtleben, die nicht auf der Erde sind, die nicht einmal im Planetensystem, sondern außerhalb des Umkreises der Planeten liegen und wirken im Zusammenspiel mit dem ganzen Sternenhimmel.

Haben wir ein Kind vor uns, das schon zu sich «Ich» sagt, das wir also in gewissem Sinne als einen Menschen ansprechen, so müssen wir uns klar sein darüber: in ihm wohnt etwas, was eine Spiegelung ist von etwas, das nicht nur außerhalb unserer Erde, sondern außerhalb unseres Planetensystems tätig ist.

Daher gilt natürlich viel mehr noch und in viel höherem Maße für die spätere Erziehung, was für die erste Kindeserziehung gesagt worden ist, nämlich der Satz: Eine gute Pädagogik wird es erst dann geben, wenn die Pädagogik aus der Geisteswissenschaft geschöpft sein wird, wenn der Lehrer durchdrungen ist davon, daß außerhalb des Planetensystems eine Welt vorhanden ist, die im Menschen sich entfaltet, und wenn er nicht nur theoretisch, sondern in seiner Empfindung und in seiner Gesinnungsweise durchdrungen ist davon, wenn er selbst durchlebt hat die Wahrheit dieser überplanetarischen Welt. Die Tapserei eines solchen Lehrers kann oftmals besser sein als die ausgeklügelten pädagogischen Grundsätze eines materialistischen Lehrers. Denn das, was wir tapsen, was unsere Torheit vollbringt, das bessert sich im Laufe des Lebens. Nicht korrigiert sich im Laufe des Lebens aber das, was von uns aus geschieht durch das, was wir sind.

Es wäre zu wünschen, daß unter dem mancherlei, was die Geisteswissenschaft metamorphosieren oder transformieren soll, auch dieses wäre: man sollte immer mehr und mehr einsehen, daß diejenigen, die Lehrer und Erzieher werden wollen – im Grunde genommen also auch alle, die Eltern werden wollen –, darauf zu sehen haben, daß sie gute Erzieher werden durch Aufnahme spiritueller Vorstellungen, die sie in ihrer eigenen Seele ansammeln. Die meiste Arbeit hat man an sich selber vorzunehmen, wenn man ein guter Erzieher werden will. Und mehr kommt zum Beispiel beim Lehrer in Betracht, daß er in dem Lehrstoff, den er am nächsten Tage in der Schule durchnehmen will, mit seinem ganzen Herzen lebt, bevor er die Schule betritt, als daß er möglichst gute pädagogische Grundsätze hat, wie er das oder jenes machen soll. Nachdem er den Lehrstoff liebgewonnen hat, ihn geistig innerlich in Liebe geboren hat, kann er selbst tapsen in der Unterrichtsstunde – obwohl ich das nicht empfehlen will –, und er wird Besseres leisten als derjenige, der mit allen möglichen Grundsätzen die Schule betritt, in die sein Gehirn eingeschnürt ist wie in spanische Stiefel, und der alles weiß, wie man es am richtigsten macht.

Wir wissen, daß vorläufig noch in entgegengesetztem Sinne in der Welt verfahren wird. Diejenigen, die heute Erzieher sein sollen, die prüft man ja vor allen Dingen in bezug auf dasjenige, was sie wissen, was sie an inhaltlichem Wissen in sich aufgenommen haben. Fast möchte man ja schon sagen: man prüft sie über dasjenige, was sie in Büchern finden können, wovon es besser wäre, daß sie sich darüber eine Bibliothek anlegten. Man prüft am allermeisten über das, was man jederzeit in der Bibliothek nachschlagen kann, wenn man das Nachschlagen gelernt hat. Namentlich bei der Lehrerprüfung müßte die Hauptsache nicht dasjenige sein, was der Betreffende, wenn er es braucht, leicht finden kann; auf das Wissen wäre weniger Wert zu legen, dagegen müßte jeder Lehrer angesehen werden daraufhin, wie er in seiner Gesinnung, in seiner Empfindung verbunden sein kann mit dem, was die Menschen sich als Erkenntnis, als Gefühl für die Entwickelung des ganzen Universums aneignen können. An dem Gefühl, das man gegenüber der Menschen- und Weltenentwickelung hat, sollte abgemessen werden, ob ein Mensch als Lehrer tauglich ist oder nicht. Dann würden allerdings diejenigen in ihrem Examen durchfallen, welche nur am meisten wissen, und diejenigen würden das Examen am besten bestehen, die im geistigen Sinne gute Menschen sind.

Dahin wird es auch zuletzt noch kommen. Das ist das, wohin wir zuletzt tendieren müssen: Ein Mensch, der kein guter Mensch ist, dessen Seele nicht dem geistigen Leben zugeneigt ist, würde künftig beim Lehrerexamen durchfallen, wenn er auch noch so viel weiß, wenn er auch alles im kleinen Finger hat, was man wissen muß heute.

So wird gerade hier sich das Feld eröffnen, auf dem weniger auf das Gehirnwissen Wert gelegt wird, sondern viel mehr auf die ganze Entfaltung der Seele. Noch einmal sei es betont: Da kommt es nicht darauf an, daß wir wertvoll sind durch das, was wir im äußeren materiellen Felde bewirken, durch das, was wir tun; als Erzieher sind wir vor allem wertvoll durch dasjenige, was wir sind.

Nun handelt es sich darum, daß wir alles das beachten, was sich auf jenen realen Vorgang bezieht, der sich in der Empfängnis abspiegelt. Alles das gehört der Erde an. Aber insofern es vor der Geburt liegt, gehört es dem Zusammenwirken von Sonne und Erde an; es vollzieht sich in der Erdenaura. In der Erdenaura spielt sich vor der menschlichen Empfängnis ein bedeutungsvoller geistiger Vorgang ab, der sich dann wieder in der Empfängnis spiegelt. Dasjenige, was sich dann zwischen dem Zeitpunkte, der sich in der Geburt spiegelt und dem eben genannten Zeitpunk abspielt, das ist, in der Realität, vor der Geburt ein Zusammenwirken von Sonne und Mond, und dieses ist im wesentlichen eine Wiederholung der Vorgänge, die sich früher abgespielt haben während der alten Mondenzeit der Erde.

Also während des Embryonallebens spielt sich ab die Spiegelung eines realen Vorganges, und der reale Vorgang spielt sich vor der Geburt ab, und der ist wie eine Wiederholung der Vorgänge, die sich auf dem alten

Mond abgespielt haben. Ebenso ist dasjenige, was sich abspielt in dem Vorgange, der widergespiegelt wird durch die Zeit zwischen dem Ende der Kindheit, dem Zeitpunkt, wo der Mensch zum bewußten Ich-sagen kommt, und dem Zeitpunkt der Geburt, eine Wiederholung der alten Sonnenwirkung. Dasjenige, was sich noch vorher abspielt, was sich in dem Erziehungszeitalter spiegelt, das ist eine Wiederholung der alten Saturnvorgänge der Erde.

Und nun gar, wenn wir als wohlerzogener oder ungezogener Mensch entlassen werden aus der Erziehung und frei in die Welt hinausgeschickt werden, was spiegeln sich denn dann für Vorgänge? Dann spiegeln sich Vorgänge, die noch vor der Saturnzeit liegen, dann spiegeln sich Vorgänge in uns, die überhaupt nicht zur sichtbaren Welt gehören, nicht einmal so zur sichtbaren Welt gehören, daß sie ein Korrelat haben in den äußeren sichtbaren Sternen. Das Korrelat von dem, was wir bis zum Ende unserer Erziehung erleben, davon könnte man sagen, man sieht es doch noch. Die äußersten Sterne, die noch sichtbar sind, haben noch Beziehung dazu. Aber das, was wir dann noch erleben, was dann noch in uns gebildet werden kann, gehört gänzlich der unsichtbaren Welt an. Aus aller sichtbaren Welt werden wir entlassen, wenn wir unsere Erziehung wirklich vollendet haben.

Und da handelt es sich natürlich dann darum, daß wir unsere Seele bereichern oder schon bereichert haben durch dasjenige, was Wahrheiten der übersinnlichen Welten sind. Denn nur dadurch finden wir den Weg durch das Leben wirklich; sonst sind wir eine Puppe, ein Popanz, geführt von den Kräften, von denen geführt zu werden wir eigentlich nicht berufen sind. Der Mensch, der nach der Saturnspiegelung in seiner Entwickelung frei in die Welt entlassen ist, und der in seiner Seele keine Vorstellung hat von einer übersinnlichen Welt, der ist nicht in dem Elemente, zu dem er eigentlich berufen ist, sondern er wird mitgenommen von den unsichtbaren Kräften, wie der Harlekin, die Marionette mitgenommen werden von den Kräften, welche in den Fäden, an denen man zieht, vorhanden sind.

Dasjenige in sich aufnehmen, was Geisteswissenschaft geben kann, das bedeutet Mensch werden, das bedeutet nicht Popanz, nicht Marionette, nicht Puppe der sinnlichen Welt bleiben, sondern zur Freiheit kommen, welche sozusagen das Element sein soll, in dem der Mensch wirkt und lebt sein Leben lang. Die Freiheit ist überhaupt nur zu verstehen aus solchen Begriffen heraus, welche nicht aus der sinnlichen Welt stammen. Denn mit allem, was wir aus der Sinnenwelt haben, können wir nicht frei werden. Das hatte ich im Auge, als ich meine «Philosophie der Freiheit» schrieb, wo ich betont habe – wie es sozusagen ohne die Vorstellungen der Geisteswissenschaft geschehen kann –, daß die Grundlagen der Ethik, der Sittenlehre bezeichnet werden müssen als moralische Phantasie; das heißt, sie müssen gefunden werden auf Grundlage der moralischen Phantasie, obwohl man das natürlich nicht bloß als Phantasiebild betrachten darf, was sittlich ist, aber sie müssen gefunden werden durch die moralische Phantasie, durch dasjenige, was aus keiner Sinnenwelt heraus genommen werden kann. Das ganze Kapitel, das geschrieben worden ist über die moralische Phantasie, ist eine Bekräftigung davon, daß der Mensch sein Leben hindurch, insofern er es in Freiheit zubringen soll, sich in Zusammenhang wissen muß mit dem, was ihm kein aus der Sinnenwelt heraus genommenes Bild ist, sondern was in ihm frei aufsteigen muß, was er in sich trägt, was selbst über die sichtbaren Sterne erhaben ist, was er nicht aus der sinnlichen Welt schöpfen kann, was er einzig schöpfen kann durch innerliches, schöpferisches Verfahren. Das ist gemeint gewesen mit dem Kapitel über die moralische Phantasie.

Es war dies wieder eine Betrachtung, dazu bestimmt zu zeigen, wie mannigfaltig die Zusammenhänge sind, in die wir im Leben hineingestellt werden. Wie das Leben vor der Geburt vorbereitend ist für seine Spiegelung, so ist wieder die Spiegelung zwischen der Geburt und dem Tode vorbereitend für das geistige Leben, das nachher kommt zwischen dem Tod und einer neuen Geburt. Je mehr wir hineintragen können aus diesem Leben in das Leben zwischen dem Tod und einer neuen Geburt, desto reicher kann die Entfaltung in diesem Leben sein. Denn selbst die Begriffe, die wir uns aneignen müssen für jenes Leben, für die Wahrheiten zwischen dem Tod und einer neuen Geburt, diese Begriffe müssen sehr verschieden sein von denjenigen, die wir uns für die irdische Maja, wenn wir sie verstehen wollen, aneignen müssen. Einige von jenen Begriffen, die wir uns aneignen müssen, finden Sie in dem Wiener Vortragszyklus von 1914 «Inneres Wesen des Menschen und Leben zwischen Tod und neuer Geburt». Da werden Sie finden, wie man sich neue Begriffe zum Verständnisse desjenigen aneignen muß, was als die andere Seite des menschlichen Lebens verfließt zwischen dem Tode und einer neuen Geburt. Es ist manchmal recht schwierig, nach und nach die Begriffe und Ideen herauszuarbeiten, die man für dieses andersgeartete Leben braucht. Und Sie werden es gerade einem solchen Vortragszyklus, wenn Sie ihn durchlesen, anmerken, wie nach Ausdrücken gerungen wird, die einigermaßen diese ganz andersartigen Verhältnisse wiedergeben.

Insbesondere möchte ich in diesem Zeitpunkte, in dem in unser anthroposophisches Leben die Tode teurer Mitglieder hineinspielen, auf eines aufmerksam machen. Eine andere Rolle spielt im Leben zwischen dem Tod und einer neuen Geburt der Zeitpunkt des Todes, als in unserem jetzigen Leben zwischen der Geburt und dem Tode der Zeitpunkt der Geburt. Der Zeitpunkt der Geburt ist derjenige Zeitpunkt, an den sich unter gewöhnlichen Verhältnissen des irdischen Lebens der Mensch nicht erinnert. Der Mensch erinnert sich nicht an seine Geburt im gewöhnlichen Leben. Der Zeitpunkt des Todes ist aber derjenige, welcher für das ganze Leben zwischen dem Tode und einer neuen Geburt den allertiefsten Eindruck zurückläßt, der am meisten von allen erinnert wird, der immer dasteht gewissermaßen, aber in einer anderen Gestalt, als er angesehen wird von dieser Seite des Lebens aus. Von dieser Seite des Lebens aus erscheint der Tod als ein Auflösung, als etwas, wovor der Mensch leicht Furcht und Grauen hat. Von der anderen Seite erscheint der Tod als der lichtvollste Anfang des geistigen Erlebens, als dasjenige, was etwas Sonnenhaftes ausbreitet über das ganze spätere Leben zwischen dem Tode und einer neuen Geburt, dasjenige, was am meisten mit Freuden die Seele durchwärmt im Leben zwischen dem

Tode und einer neuen Geburt, dasjenige, auf das immer wieder mit tiefer Sympathie zurückgeblickt wird. Das ist der Moment des Todes. Wenn wir ihn in irdischen Ausdrücken schildern wollen: Das Allererfreulichste, das Allerentzückendste im Leben zwischen dem Tode und einer neuen Geburt ist, von der anderen Seite angesehen, der Moment des Todes.

Wenn wir uns die Vorstellung etwa aus der materialistischen Weltanschauung heraus gebildet haben, daß der Mensch mit dem Tode das Bewußtsein verloren habe, wenn wir keine richtige Vorstellung gewinnen können über diesen Fortgang des Bewußtseins – ich spreche das am heutigen Tage besonders aus, weil die Ursache, die Veranlassung dazu das Zusammenleben mit den lieben Toten ist, die in der letzten Zeit von uns gegangen sind –, wenn wir uns so schwer eine Vorstellung davon machen können, daß ein Bewußtsein über den Tod hinaus existiert, wenn man glaubt, das Bewußtsein verdunkelt sich – es scheint auch so, daß sich das Bewußtsein nach dem Tode verdunkelt –, dann müssen wir uns klar sein: Es ist nicht wahr, denn es ist das Bewußtsein ein überaus helles, und nur weil der Mensch noch ungewohnt ist, in der allerersten Zeit nach dem Tode in diesem übermäßig klaren Bewußtsein zu leben, tritt zunächst unmittelbar nach dem Tode etwas wie ein Schlafzustand ein.

Dieser Schlafzustand ist aber das Entgegengesetzte von dem Schlafzustande, den wir im gewöhnlichen Leben verbringen. Im gewöhnlichen Leben schlafen wir, weil das Bewußtsein herabgedämpft ist. Nach dem Tode sind wir in gewissem Sinne bewußtlos, weil das Bewußtsein zu stark, zu kräftig ist, weil wir ganz in Bewußtsein leben, und was wir brauchen in den ersten Tagen, ist ein Hineinleben in diesen übermäßigen Bewußtseinszustand. Wir müssen uns erst orientieren lernen in diesem übermäßigen Bewußtseinszustande. Wenn es uns dann gelingt, uns so weit darinnen zu orientieren, daß wir wie aus der Fülle der Weltgedanken heraus aufgehen fühlen: Das warst du! – in dem Augenblicke, wo wir zu unterscheiden anfangen aus der Fülle der Weltgedanken unser vergangenes Erdenleben, erleben wir in dieser Fülle des Bewußtseins darinnen den Moment, von dem wir sagen können: Wir wachen auf. – Wir werden vielleicht erweckt durch ein Ereignis, das besonders bedeutsam in unser Erdenleben eingegriffen hat, das auch in die Ereignisse nach unserem Erdenleben eingreift.

Also es ist ein Sich-Gewöhnen an das übersinnliche Bewußtsein, an das Bewußtsein, das nicht auf der Grundlage und Stütze der physischen Welt aufgebaut ist, sondern das in sich selber wirkt. Das ist es, was wir «Aufwachen» nennen nach dem Tode. Man möchte sagen, dieses Aufwachen besteht in einem Sich-Zurechttasten des Willens, der, wie Sie wissen und wie Sie aus dem angeführten Vortragszyklus ersehen können, nach dem Tode sich besonders entwickeln kann. Ich habe da gesprochen von dem gefühlsartigen Willen, von dem willensartigen Gefühl. Wenn dieses willensartige Gefühlsleben sich hineintastet in die übersinnliche Welt, wenn es den ersten Taster macht, dann ist das Aufwachen eingetreten.

Das sind die Dinge, über die wir, wenn die Ereignisse es gestatten, noch weiter reden wollen.

GEBETE FÜR MÜTTER UND KINDER

Licht und Wärme
Des göttlichen Weltengeistes
Hülle mich ein.

Gesprochen von der Mutter

VOR DER GEBURT

Und des Kindes Seele,
Sie sei mir gegeben
Nach Eurem Willen
Aus den geistigen Welten.

NACH DER GEBURT

Und des Kindes Seele,
Sie sei von mir geleitet
Nach Eurem Willen
In die geistigen Welten.

GEBET

für ganz kleine Kinder
gesprochen von einem Erwachsenen

In dich ströme Licht, das dich ergreifen kann.
Ich begleite seine Strahlen mit meiner Liebe Wärme.
Ich denke mit meines Denkens besten Frohgedanken
An deines Herzens Regungen.
Sie sollen dich stärken,
Sie sollen dich tragen,
Sie sollen dich klären.
Ich möchte sammeln vor deinen Lebensschritten
Meine Frohgedanken,
Daß sie sich verbinden deinem Lebenswillen
Und er in Stärke sich finde
In aller Welt,
Immer mehr,
Durch sich selbst.

GEBET

für kleine Kinder, die schon selbst beten*

Abends

Vom Kopf bis zum Fuß
Bin ich Gottes Bild,
Vom Herzen bis in die Hände
Fühl ich Gottes Hauch.
Sprech ich mit dem Mund,
Folg ich Gottes Willen.
Wenn ich Gott erblick'
Überall, in Mutter, Vater,
In allen lieben Menschen,
In Tier und Blume,
In Baum und Stein,
Gibt Furcht mir nichts,
Nur Liebe zu allem,
Was um mich ist.

* Nicht extra lehren! Ein Erwachsener spricht es jeden Abend; nach und nach sagt das Kind einzelne Worte, dann Zeilen nach und lernt so das ganze Gebet.

GEBET

für Kinder über neun Jahre

Seh ich die Sonne,
Denk ich Gottes Geist.
Rühr ich die Hand,
Lebt in mir Gottes Seele.
Mach ich einen Schritt,
Wandelt in mir Gottes Wille.
Und wenn einen Menschen ich sehe,
Lebt Gottes Seele in ihm.
Und so lebt sie auch
In Tier und Pflanze und Stein.
Nimmer Furcht kann mich erreichen,
Wenn ich denke Gottes Geist,
Wenn ich lebe Gottes Seele,
Wenn ich wandle in Gottes Willen.

In einer Handschrift findet sich auch in der zweiten und zwölften Zeile «dank» und «danke» statt «denk» und «denke».

Um mich leben viele Wesen,
Um mich sind viele Dinge,
In meinem Herzen auch –
Spricht Gott zur Welt.
Und spricht am besten,
Wenn ich lieben kann
Alle Wesen, alle Menschen.

Es leben die Pflanzen
In Sonnenlichtes Kraft.
Es wirken die Menschenleiber
In Seelenlichtes Macht.
Und was der Pflanze
Der Sonne Himmelslicht,
Das ist dem Menschenleibe
Das Geistes-Seelenlicht.

MORGENGEBET

Sonne, du leuchtest über meinem Haupte,
Sterne, ihr scheinet über Feld und Stadt,
Tiere, ihr reget und beweget euch auf der Erdenmutter,
Pflanzen, ihr lebet durch die Erd- und Sonnenkraft.
Steine, ihr festigt Tier und Pflanze
Und mich, den Menschen,
Dem des Gottes Macht
Lebt in Kopf und Herz,
Der mit Gottes Kraft
Durchwandelt die Welt.

ABENDGEBET

Mein Herz dankt,
Daß mein Auge sehen darf,
Daß mein Ohr hören darf,
Daß ich wachend fühlen darf
In Mutter und Vater,
In allen lieben Menschen,
In Sternen und Wolken:
Gottes Licht,
Gottes Liebe,
Gottes Sein,
Die mich schlafend
Leuchtend
Liebend
Gnadespendend schützen.

Der Sonne Licht,
Es hellt den Tag
Nach finstrer Nacht:
Der Seele Kraft,
Sie ist erwacht
Aus Schlafes Ruh':
Du meine Seele,
Sei dankbar dem Licht,
Es leuchtet in ihm
Des Gottes Macht;
Du meine Seele,
Sei tüchtig zur Tat.

Es keimen die Pflanzen
Im Erdengrund,
Es zieht die Sonne
Aus Finsternis
Sie in das Licht:
So keimet das Gute
Im Menschenherzen.
Es ziehet die Seele
Aus Geistesgründen –
Die Kraft des Ich.

TISCHGEBET

Es keimen die Pflanzen in der Erdennacht,
Es sprossen die Kräuter durch der Luft Gewalt,
Es reifen die Früchte durch der Sonne Macht.

So keimet die Seele in des Herzens Schrein,
So sprosset des Geistes Macht im Licht der Welt,
So reifet des Menschen Kraft in Gottes Schein.

Es keimen die Wurzeln in der Erde Nacht,
Es sprossen die Blätter durch der Luft Gewalt,
Es reifen die Früchte durch der Sonne Macht.

So keimet die Seele in des Herzens Schrein,
So sprosset des Menschen Geist im Licht der Welt,
So reifet des Menschen Kraft in Gottes Schein.

Und Wurzel und Blatt und der Früchtesegen,
Sie halten des Menschen Erdenleben;
Und Seele und Geist und Kraftbewegen,
Sie mögen sich dankend zu Gott erheben.
Amen. –

Das Licht macht sichtbar
Stein, Pflanze, Tier und Mensch,
Die Seele macht lebendig
Kopf, Herz, Hand und Fuß.

Es freut sich das Licht,
Wenn Steine glänzen,
Pflanzen blühen, Tiere laufen
Und Menschen Arbeit leisten.

So soll die Seele sich freuen,
Wenn das Herz – sich wärmend weitet,
Gedanken lichtvoll kraften,
Beherzter Wille wirkt.

Die Sonne gibt
Den Pflanzen Licht,
Weil die Sonne
Die Pflanzen liebt.
So gibt Seelenlicht
Ein Mensch andern Menschen,
Wenn er sie liebt.

FÜR EIN JÜNGERES KIND

Vom Kopf zum Fuß
Durch Herz und Hand
Bin ich Gottes Kind,
In Sonne und im Monde,
In Stern und Stein
Fühl ich Gottes Kraft,
In Vater und in Mutter,
In allen lieben Menschen
Lebt mir Gottes Wille.
So will auch ich
Als Gottes Kind
Durch Gottes Kraft,
Nach Gottes Willen
Leben und sprechen
Und, was ich soll,
Gott getreu auch tun.

Mit meinen Augen
Beschaue ich die Welt,
Des Gottes schöne Welt,
Und danken muß mein Herz,
Daß es leben darf
In dieser Gotteswelt,
Daß ich erwachen darf
In des Tages Helligkeit
Und des Nachts ich ruhen darf
In Gottes Seligkeit.

Die Sonne sendet
Zur Erde ihr Licht;
Der Gottesgeist,
Er strahlet hell
Im Sonnenlicht.
Die Pflanzen trinken
Das Sonnenlicht,
So wachsen sie
Auf Feld und Wiese
Und sind des Gottesgeistes
Geliebte Kinder –
Und Menschen tragen
Im Herzen und in der Seele
Den Gottesgeist;
In ihren Händen
Da wirket der Gottesgeist;
Ich liebe den Gottesgeist,
Weil er in mir lebet.

Die Sonne sendet
Zur Erde Licht;
Der Gottes-Geist,
Er strahlet hell
Im Sonnenlicht.
Die Pflanzen trinken
Das Sonnenlicht,
So wachsen sie
Auf Feld und Berg
Als Gottes Werk.
Und auch der Mensch,
Er trägt in Herz
Und Seele Gott.
Und seine Hände
Bewegen sich
Durch Gottesgeist.
Ich liebe ihn,
Den Gottesgeist,
In Herz und Händen,
In Sonn' und Mond.

Oben stehet die Sonne,
Sie schenkt mir liebes Licht;
Im Lichte gibt mir Gott
Die edle Kraft des Lebens,
Und des Gottes Kraft,
Sie strahlet überall
In jedem Stein,
In allen Pflanzen,
In Tieren und Menschen –
Und wenn auch
In meinem Herzen
Die Liebe wohnen kann,
Dann ziehet Gottes Kraft
Auch in mich selbst hinein,
Die hohe Gotteskraft,
Die Christus den Menschen
Auf Erden hat geschenkt.

Es freuet sich das Menschenauge
Am Schein der leuchtenden Sonne.
So freue die Seele sich auch
Am Gottesgeiste, der in allem lebt
Als die unsichtbare Sonne,
Die jedem Wesen liebend leuchtet.

Ich schau in die Sternenwelt –
Ich verstehe der Sterne Glanz,
Wenn ich in ihm schauen kann
Gottes weisheitvolles Weltenlenken
Ich schau' in's eigne Herz –
Ich verstehe des Herzens Schlag,
Wenn ich in ihm spüren kann
Gottes gütevolles Menschenlenken.
Ich verstehe nichts vom Sternenglanz
Und auch nichts vom Herzensschlag
Wenn ich Gott nicht schau' und spüre
Und Gott hat meine Seele
Geführt in dieses Leben;
Er wird sie führen zu immer neuen Leben
So sagt, wer richtig denken kann.
Und jedes Jahr, das man weiter lebt
Spricht mehr von Gott und Seelenewigkeit.

Ich schau in die Sternenwelt –
Ich verstehe der Sterne Glanz,
Wenn ich in ihm schauen kann
Gottes weisheitvolles Weltenlenken
Ich schau' in's eigne Herz –
Ich verstehe des Herzens Schlag,
Wenn ich in ihm spüren kann
Gottes gütevolles Menschenlenken.
Ich verstehe nichts vom Sternenglanz
Und auch nichts vom Herzensschlag
Wenn ich Gott nicht schau' und spüre
Und Gott hat meine Seele
Geführt in dieses Leben;
Er wird sie führen zu immer neuen Leben
So sagt, wer richtig denken kann.
Und jedes Jahr, das man weiter lebt
Spricht mehr von Gott und Seelenewigkeit.

Wie die Sonne am Himmel
Täglich das Licht der Erde sendet,
So soll meine Seele täglich
Sich zu rechtem Tun ermahnen;
Daß ich werde ein ganzer Mensch:
Leib, Seele und Geist
Für Zeit und Ewigkeit.

RUDOLF STEINER

SPRÜCHE UND DICHTUNGEN

WAHRSPRUCHWORTE

Anthroposophischer Seelenkalender – Planetentanz. Zwölf Stimmungen. Das Lied von der Initiation – Wahrsprüche und Widmungen – Credo

Bibl.-Nr. 40, 304 Seiten, Leinen, Best.-Nr. 0400

WAHRSPRUCHWORTE – RICHTSPRUCHWORTE

Eine Auswahl, herausgegeben von Marie Steiner 1935. Einmaliger Nachdruck

1981, 183 Seiten, Leinen, Best.-Nr. 5205

ANTHROPOSOPHISCHER SEELENKALENDER

Zweiundfünfzig Wochensprüche als Begleiter der Seele durch den Jahreslauf

64 Seiten, kleines Querformat

Best.-Nr.: Leinen 5228, Karton 5229, Leder 5230

VIER MYSTERIENDRAMEN

Die Pforte der Einweihung – Die Prüfung der Seele – Der Hüter der Schwelle – Der Seelen Erwachen

530 Seiten, Leinen, Best.-Nr. 0140

DER TOD – DIE ANDERE SEITE DES LEBENS

Wie helfen wir den Verstorbenen?
Wortlaute und Sprüche

79 Seiten, Leinen, Best.-Nr. 5241

DAS MÄRCHEN VOM QUELLENWUNDER

Aus dem Mysteriendrama «Die Prüfung der Seele».
Zeichnerisch wiedergegeben von Assja Turgenieff

22 Seiten, 24,5x31 cm, Broschur, Best.-Nr. 5198

ÄGYPTISCHE SZENE

aus dem Mysteriendrama «Der Seelen Erwachen» (Aus GA 14)

22 Seiten, Karton, Best.-Nr. 5085

VIER MÄRCHEN AUS DEN MYSTERIENDRAMEN

Das Märchen vom Quellenwunder – Woher kommt das Böse? – Das Märchen von der Phantasie – Das Märchen vom Lieben und Hassen und vom «Klugen Verstand» (Aus GA 14)

15 Seiten, Karton, Best.-Nr. 5084

KOSMISCHE DICHTUNGEN

Planetentanz – Zwölf Stimmungen – Das Lied von der Initiation. Eine Satire (Aus GA 40)

14 Seiten, Karton, Best.-Nr. 5086

RUDOLF STEINER VERLAG, DORNACH/SCHWEIZ